AF263894

ESSAI

SUR LA BIOGRAPHIE

DE M. DE CLÉVY

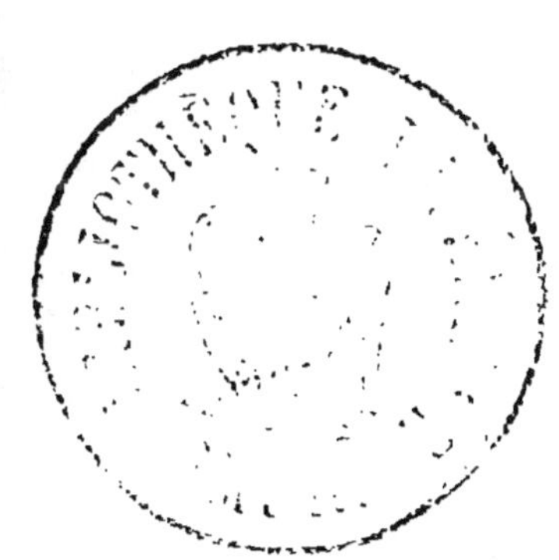

PONT-A-MOUSSON, TYP. BORDES.

ESSAI

SUR

LA BIOGRAPHIE

DE

M. DE CLÉVY

PAR

UN MEMBRE DU CLERGÉ

DE NANCY

NANCY

BORDES FRÈRES, IMPRIMEURS-LIBRAIRES-ÉDITEURS

RUE SAINT-DIZIER, 161

—

1868

AU

CLERGÉ LORRAIN

HOMMAGE DE L'AUTEUR

J'ai l'honneur d'adresser à mes pères et à mes frères dans le sacerdoce cet humble essai de biographie sur Nicolas de Clévy, curé, chanoine, vicaire-général, official et grand-doyen de la cathédrale de Toul.

Les documents inédits que j'ai pu recueillir ne doivent pas être perdus ; ils sont presque contemporains de M. de Clévy, et il convient, pour aider à l'honneur de notre pays et pour servir à l'histoire de l'Église de Toul, de les conserver avec le plus grand soin. Il se pourra aussi qu'ils vous intéressent, chers lecteurs, comme ils m'ont intéressé le premier ; du moins ils pourront édifier, et c'est assez pour que je vous prie de daigner en accepter l'hommage et les accueillir favorablement.

Je les divise en trois parts. La première comprend la jeunesse et l'éducation de M. de Clévy ; la seconde son ministère auprès des peuples ; la troisième dira son activité et ses travaux dans les différentes charges administratives ou honorifiques qu'il a tenues de la confiance et de la haute intelligence de son évêque.

LA BIOGRAPHIE DE M. DE CLÉVY

I

M. de Clévy naquit en janvier 1697, d'une famille honorable et chrétienne de La Marche, petite ville du Barrois (1). Il fut le premier fruit du mariage de M. de Clévy, l'un des magistrats municipaux de La Marche. Il reçut au baptême le nom de Nicolas. On verra dans la suite s'il était digne de porter ce grand nom du patron des Lorrains, puisqu'il joignit aux vertus les plus solides les talents les plus distingués qui n'eussent pas manqué dans d'autres temps, disaient ses contemporains, de le conduire à l'Episcopat.

Dès ses plus tendres années, le jeune de Clévy donna des signes d'un avenir particulier et parut né pour quelque chose de grand. Enfant, sans avoir les inclinations de son âge, il aimait à être sérieux et n'avait rien de puéril dans ses actions. Ses amusements, s'il en eut, étaient déjà des essais de vertu, et la piété qui est en nous le fruit du travail et le prix de la victoire prévenait en lui la raison. Dévot sans grimace et sans effort, il avait un attrait puissant vers la prière et la lecture des livres choisis. On avait pu remarquer déjà, jusques dans ses divertissements enfantins, son penchant pour l'état ecclésiastique. Son grand plaisir était de

(1) Aujourd'hui chef-lieu de canton, Vosges; à 32 kil. s. de Neufchâteau.

composer de petites chapelles, d'élever des autels, de les parer et de chanter autour en imitant les cérémonies de l'Église. Il s'était fait ainsi dans la maison de son père comme un sanctuaire secret où Dieu sans doute venait visiter son âme et lui parler au cœur. Il y avait dans ces jeux innocents une préparation aux saintes fonctions du sacerdoce de J.-C. Au dehors, aucun des bruyants divertissements des jeunes gens de son âge ne l'attirait, bien qu'il fut d'une humeur gaie et d'un caractère facile et agréable. Quand il sortait, c'était pour aller dans le temple visiter Dieu ; du moins c'était là que ses inclinations pieuses le portaient ; il souffrait dans son cœur lorsqu'on le conduisait ailleurs. L'expression de sa piété devant les autels touchait visiblement ceux qui en étaient les témoins. Il était si jeune et à la fois si retenu, si recueilli et si fervent ! Il paraissait être sensiblement en présence de Dieu et il ne sortait de son recueillement que pour s'occuper de ce qui se faisait à l'autel. Il y remarquait tout, et, retourné à la maison, il ne manquait pas d'interroger sur ce qu'il avait vu. Il voulait être instruit et on ne pouvait lui faire un plus grand plaisir que de satisfaire à ses demandes. Bientôt il voulut servir lui-même à l'autel et il apprit la manière de répondre au prêtre. On le vit alors s'acquitter de cette pieuse action avec une attention et une modestie qui faisait connaître à tous sa foi vive et son amour tendre pour J.-C.

Mais il fallut bientôt s'essayer à l'étude des sciences et des lettres humaines. De Clévy y fit des progrès rapides. Prévenu par tant de grâce, il comprit de bonne heure que c'est par un travail prompt et soutenu, par une application sérieuse qu'on répond aux desseins de Dieu et qu'on est digne de la Providence. Il accomplissait avec confiance tout ce qu'un précepteur intelligent et vertueux lui prescrivait ; ses habitudes de travail et d'obéissance eurent bientôt leur résultat. Le jeune de Clévy acquit en peu de temps les connaissances nécessaires pour entrer dans un collège. Ses parents, fiers de ses premiers succès, songèrent à lui procurer une éducation distinguée et l'envoyèrent à Paris, au collége de La

Marche, fondé en 1402 par Guillaume de la Marche, curé de Rosières-aux-Salines, qui avait établi des bourses gratuites en faveur des jeunes gens de la Lorraine et particulièrement de La Marche sa patrie. Admis en cette école, le jeune de Clévy y fut pour ses compagnons un modèle de vertu et d'exactitude. Il devint bientôt cher à ses maîtres. On le voyait grandir en sagesse et en science ; ses parents en avait conçu de grandes espérances. Il avait tout ce qu'on peut souhaiter pour réussir dans le monde et s'en faire estimer, un air noble et gracieux, beaucoup d'esprit et de pénétration, des connaissances variées, enfin de l'assurance pour s'exprimer en compagnie ; il ne se pouvait qu'il ne fît un grand honneur à sa famille. Son père rêvait à en faire un magistrat intègre et distingué ; mais Dieu avait pris cette âme, et il allait en faire quelque chose de plus parfait : il l'attira avec douceur et avec autorité ; de Clévy entendit sa voix et il y fut docile.

Ainsi tandis que M. de Clévy roulait dans sa tête ses projets mondains et ses rêves de famille, son fils songeait à les renverser. Enfin il se déclara et se dit appelé à l'état ecclésiastique. Personne, à vrai dire, n'en fut étonné dans la famille de M. de Clévy, mais tout le monde s'en émut. M. et Mme de Clévy y furent très-sensibles. Il fallait à un père et à une mère toute la foi et tout le courage que Dieu leur avait mis au cœur pour entendre la voix du Ciel, gravir avec le Patriarche la montagne du sacrifice et là immoler dans sa jeunesse et vouer à l'autel le fils que Dieu leur avait donné. D'un seul coup tous leurs projets allaient être détruits ; ils cédèrent cependant et donnèrent le consentement qui allait tout anéantir à jamais. Le jeune de Clévy l'accueillit comme une grâce ; sa joie et sa reconnaissance éclatèrent, jamais il n'avait été si heureux. On le vit plus recueilli ; il priait davantage et avec plus de ferveur. Il se prépara à la tonsure en se consacrant à la Mère de Dieu. Son cœur était épris pour elle d'une tendre et solide dévotion ; il la regardait comme sa mère, et il en espérait tout. Il la pria de le prendre, de l'offrir elle-même à son fils et de lui en obtenir la grâce d'être un digne ministre des saints autels.

Sans doute que sa prière fut exaucée : le jour de la cérémonie .
sainte arrivé, il parut aux pieds de son Évêque comme un ange
qui demandait l'entrée du Sanctuaire, et, quand ses cheveux lui
tombèrent de la tête, c'est avec autant d'amour que de résolution
et d'intelligence qu'il dit les paroles du Prophète : Le Seigneur est
mon partage, le seul bien que j'aurai ; c'est vous, mon Dieu qui
me rendrez au Ciel mon héritage éternel !

L'ordination avait été pour ce pieux enfant plus qu'une cérémonie sainte, il l'avait prise comme un engagement sacré. En recevant le saint habit de la cléricature, il renonça à tout ce qu'il
n'aurait pu concilier avec la pauvreté et la simplicité du Dieu qui
s'est fait voir dans l'indigence et dont la vie a été humble et souf-
frante : il devint plus que jamais, pour ses compagnons d'études,
un modèle accompli d'application, de retenue et de sagesse ; il
avait une aimable modestie, ses manières n'avaient rien de léger,
rien de précipité ; tout en lui annonçait de la douceur, de la gra-
vité et une innocence qui lui attirait les cœurs.

Il continua ses études avec succès. Déjà il avait terminé ses hu-
manités, s'y faisant admirer par ses rares talents dans les exercices
publics ; il venait de finir son cours de philosophie qui l'avait fait
connaitre pour le sujet le meilleur et le plus solide ; il passa enfin
à l'étude de la théologie dans un temps heureux où la maison de
Sorbonne conservait encore des maîtres distingués par leur éru-
dition et leur zèle pour le maintien de cette doctrine sage et élevée
qui lui avait valu depuis plusieurs siècles tant d'honneur et d'autorité en France et dans l'Église. M. de Clévy y trouva une grande
émulation au milieu de ces enfants des plus grandes familles du
royaume. Il faut reconnaître que les liaisons qu'il forma alors,
surtout pendant sa préparation de licence, étaient bien propres à
favoriser l'ambition d'un jeune candidat ; mais le pieux lévite
conserva ses habitudes franches d'humilité et de désintéressement,
et il apprit à cette illustre école le goût et l'attachement sincère
qu'il garda toute sa vie pour les règles de l'Eglise et la saine doc-

trine. La droiture, les lumières et la piété de M. de Clévy triom-
phèrent bien vite de ces tentations, et, dirigeant sa vocation, le
ramenèrent docile et soumis dans son diocèse.

II

M. de Clévy venait d'atteindre sa vingt-deuxième année et d'obtenir le diplôme du doctorat, lorsqu'il se prépara à recevoir la
prêtrise en l'année suivante 1720. Ses contemporains nous ont
laissé ignorer les circonstances de ce grand acte, si important
dans la vie de M. de Clévy. Nous ne pouvons douter que le saint
jeune homme n'ait passé cette année dans le recueillement et la
prière ; nous savons comment il s'était préparé à la première tonsure, et nous apprendrons bientôt comment son sacerdoce fut béni
de Dieu.

A peine le jeune de Clévy eut-il reçu l'onction sacrée que Mgr de
Camilly, évêque de Toul, s'empressa de le rappeler auprès de lui
et de lui donner un emploi. M. de Clévy était encore à Paris lorsqu'il reçut une commission de vicaire pour Neufchâteau, ville
située à quelque distance de La Marche. Il n'hésita pas un instant et se rendit où l'appelait son Évêque; mais il était à peine
arrivé à sa destination qu'une occasion heureuse d'honorer son
mérite se présenta. La cure de Brantigny, du doyenné de Jorcey,
vaquait au concours. Le jeune vicaire se présenta pour subir l'é-
preuve comme c'était l'usage ; il y fut heureux, et, d'une voix
unanime, les examinateurs synodaux le nommèrent à ce bénéfice.

A peine arrivé dans sa paroisse, notre nouveau curé se mit avec
ardeur au travail. Il s'occupa à orner la maison de Dieu, à rame-
ner la décence du culte et à veiller sur les écoles. Il eut bientôt
mis ordre aux affaires de son bénéfice et gagné la confiance de ses
paroissiens. Déjà il se préparait à rendre son ministère chaque
jour plus fructueux, et ses ouailles bénissaient Dieu hautement de
leur avoir donné un si digne Pasteur, lorsque le Prélat intelligent
et zélé qui administrait l'Église de Toul l'enleva à son premier
troupeau. Mgr de Camilly avait jugé qu'un autre théâtre que la
paroisse de Brantigny convenait à ses talents supérieurs ; il l'appela
au mois de mai 1722 à un nouveau concours à Toul. M. de Clévy
y emporta avec applaudissement la cure de Charmes-sur-Moselle,
à une demi-lieue de celle de Brantigny. Le nouveau curé y arrivait
à point marqué par la Providence, et Mgr de Camilly ne faisait
sans doute qu'obéir à Dieu et exécuter ses desseins en envoyant
à Charmes un cœur si ardent et si éclairé. M. de Clévy y vint
disposé à tout faire pour reconnaître la confiance que son Évêque
lui avait témoignée en le chargeant de cette importante paroisse.
Il se donna d'abord tout entier à l'éducation des enfants ; il visita
plusieurs fois les religieuses du Tiers-Ordre de S. Dominique qui
tenaient alors les écoles des jeunes filles ; il leur parla avec tant
de conviction et avec tant de zèle, il leur fit voir dans un si grand
détail les devoirs de l'institutrice et les fruits consolants que pro-
cure une école de fille sagement gouvernée, que ces pieuses et
savantes dames mirent bientôt leur école sur le pied le plus respectable. Il donna aussi ses soins, toute son attention et toute son
ardeur aux écoles des jeunes garçons ; il procura une méthode aux
maîtres et il fit naître et maintint une grande émulation dans les
enfants par ses visites fréquentes et par des distributions de ré-
compenses à ceux que distinguaient leur science, leur modestie
ou leur sagesse. M. de Clévy choisit aussi quelques enfants de sa
paroisse dans lesquels il avait remarqué du talent ou le désir de
se donner à Dieu, et il les reçut chez lui. Il étudiait leur vocation,
leur inspirait la piété et leur enseignait les cérémonies; il les tenait dans une très-exacte régularité, et, le temps que d'autres

laissent si facilement à l'oisiveté et aux bagatelles, il le leur faisait consacrer au travail et à la science. Son zèle le portait également à accueillir et à aider avec bonté les enfants des paroisses voisines quand leurs curés rendaient un bon témoignage de leur piété et de leur talent Voilà comme il exerçait son zèle pour l'Église et pour Dieu. Il s'ouvrait volontiers de toutes ses saintes entreprises à ses confrères; il aimait à s'édifier avec eux et à conférer sur les matières de la religion et sur la sainteté du Christianisme et, il faut le reconnaître, il le faisait toujours au profit de ses frères, tant il savait allier les qualités de Pasteur à celles de théologien profond et de savant littérateur.

M. de Clévy ne négligeait point pour tous ces travaux le soin des âmes que Dieu avait confiées à sa garde. Que ne nous est-il donné de rassembler tous les traits de détail dont nous pourrions composer son portrait et le tableau de sa vie de prêtre! Assidu et, à vrai dire, opiniâtre à l'étude, il n'interrompait pas ses travaux pour prendre ses repas à des moments fixes : il se faisait apporter de la nourriture, sans quitter pour ainsi dire ses livres, quand la faim le pressait. Ce qui est plus rare, c'est que cette grande application à des études variées et profondes ne le rendait point difficile ou chagrin ; il recevait à toute heure de la journée; le plus simple paysan pouvait entrer sans que le savant curé fît la moindre difficulté d'interrompre son travail. Il prêchait souvent et non seulement à Charmes et à Essegney son annexe, mais encore à Florémont et à Rugney; il aimait de préférence à instruire les enfants et à leur faire le catéchisme et il savait y mettre un intérêt et une émulation qui le rendaient extrêmement utile. Ses prônes étaient singulièrement estimés pour le grand fonds d'instruction qu'il avait le don de renfermer en peu de mots et de présenter avec ordre, clarté et énergie; M. de Clévy était particulièrement doué pour l'éloquence et sa parole captivait ses auditeurs autant qu'elle les instruisait.

Au saint et redoutable tribunal, il avait le rare talent de se garer

également d'une morale relachée et d'une excessive sévérité. Formé
à l'école des bons livres et des bons maîtres, instruit des saintes
règles de la pénitence chrétienne, il disait avec le savant abbé
Fleury que les règles sont fausses si elles ne sont praticables, mais
il ajoutait qu'on peut et qu'on doit pratiquer une règle dès qu'on
n'oserait nier qu'elle soit vraie.

Il suivait et recommandait la théologie de Habert (1). N'admet-
tant pas inconsidérément à la participation des sacrements, il exi-
geait les dispositions nécessaires. Il fut pour cela l'objet de mur-
mures et même de persécutions ouvertes; mais c'est sans fonde-
ment qu'on l'a accusé, comme tant d'autres de cette époque, d'un
prétendu rigorisme. Les auteurs de ces accusations ont été en-
traînés, comme il arrive toujours, sans connaissance de cause par
leur sympathie plus ou moins avouée pour les principes opposés
alors à la mode ; ils méconnaissaient les règles ou inventaient des
procédés savants pour les éviter, M. de Clévy les tenait avec résolution sans en diminuer la rigueur comme sans l'exagérer, et,
quand il avait rencontré les dispositions nécessaires il admettait
aux sacrements, s'opposant toujours aux délais que réclamaient
les timides et les inquiets.

Un autre point de son ministère que M. de Clévy se gardait bien
de négliger était la visite des malades; il y consacrait ordinaire-
ment une partie de l'après-midi des jours ouvriers. Il se plaisait
à exercer sa charité dans la maison de ses pauvres éprouvés par
la maladie, et ne se laissait point rebuter malgré l'odeur que les
horreurs de la misère et du mal y répandaient. Il savait profiter
de ce moment ; il voyait que ses instructions faisaient alors plus
d'impression, que les grandes et effrayantes vérités de la foi pé-
nétraient enfin les âmes. Sa charité s'enflammait à cette pensée,

(1) Habert (Louis), docteur de Sorbonne, fut vicaire-général de Verdun. Ses ouvrages ont prêté à la critique, et il faut reconnaître qu'ils
ont paru d'autant plus exagérés et sévères que l'esprit et les sentiments de la vraie pénitence sont devenus plus rares.

son zèle redoublait ; il parlait de l'énormité du péché, il appelait le repentir, et il versait dans les âmes l'espérance du pardon et de célestes consolations. Quelle joie n'était-ce pas pour son cœur de rencontrer les marques certaines des plus vifs regrets et d'une componction sincère ? S'il arrivait au moment du danger, il ne s'éloignait plus. On eut dit qu'il n'éprouvait aucun besoin de repos ou de nourriture dès qu'il était question du sort d'une âme ; il ne s'en remettait pas du soin des mourants à la vigilance de son vicaire, et, bien qu'il eut dans la paroisse un couvent de capucins, il se serait fait scrupule de s'absenter sans les raisons les plus légitimes, et quand il le faisait, il s'imposait de revenir le même jour au milieu des siens.

Après la visite des malades, celle des pauvres occupait la dernière partie de la journée du curé de Charmes. Le soir dès qu'il pouvait cacher ses aumônes dans les ténèbres de la nuit et les dérober aux yeux des hommes, M. de Clévy visitait ses pauvres, et, avec ses revenus considérables dans ces temps, il pourvoyait à leurs besoins. C'était en ce moment aussi qu'il trouvait les membres de la famille rassemblés après les travaux du jour, il exhortait à la patience et la soumission, suivant ainsi le conseil de l'Apôtre et prêchant par les maisons. Il le faisait de préférence chez les pauvres et il avait ainsi la bonne fortune de leur apprendre à sanctifier leur misère et leurs souffrances. Qui pourrait dire encore combien il a par ce moyen assoupi de dissensions, reconcilié d'ennemis, terminé ou prévenu de procès ? Il apprenait par là à connaître tous ses paroissiens, il entrait dans leurs affaires, il découvrait les besoins du pauvre et les facultés du riche, se faisant le conseil de celui-ci et la providence de celui-là.

Mais il faut dire que si le digne curé était ainsi attentif à tous les besoins de son peuple, il l'était fort peu aux siens. Ceux qui le voyaient à Charmes admiraient la simplicité de son logement, de ses meubles et de ses vêtements ; ils ont connu sa sobriété et sa mortification. Recevant de nombreux visiteurs dans une ville que traversait la voie de communication de la province à la capitale, il les accueillait toujours et les traitait avec honneur, mais il évitait avec soin toute surperfluité et toute délicatesse, et, lorsqu'il était seul il se renfermait dans les bornes de l'étroit nécessaire. Il menait, en un mot, une vie fort dure et ses contemporains nous apprennent qu'il eut bientôt succombé si Dieu lui avait donné un tempéramment moins robuste.

Tant d'efforts et tant de vertus devaient rendre son ministère fructueux. A son entrée à Charmes on ne connaissait plus dans cette ville le jour du Seigneur ; les uns l'employaient au travail, les autres à des divertissements à coup sûr plus coupables. M. de Clévy en fut vivement ému, et il s'occupa sérieusement à porter remède à de semblables désordres. Il fit de solides instructions sur la sanctification du dimanche et des fêtes, parla du cabaret et de la danse, réveilla la conscience endormie des magistrats, les contraignit à exécuter les sages réglements de la police contre les désordres des mœurs et de l'ivrognerie. Il fit plus ; pour occuper le peuple dans les saints jours et pour troubler les assemblées d'iniquité, il institua la prière du matin et celle du soir en son église. Il faisait lui-même l'exercice du soir, y joignit une lecture spirituelle et intéressante et obtint de son Évêque la permission d'y donner la bénédiction du T.-S. Sacrement. Après quelques années de sage fermeté au saint tribunal, d'intelligence et de zèle dans la chaire de vérité, moyennant la coopération consciencieuse des officiers de la municipalité, cet excellent curé eut la consolation de voir les saints jours honorés comme c'est le devoir.

Il n'était guère possible qu'on laissât longtemps sous le boisseau cette lampe du sanctuaire qui devait répandre dans la maison de Dieu le plus pur éclat de sa lumière. Mgr Bégon, qui avait succédé à Mgr de Camilly sur le siége de Toul, avait bientôt remarqué le mérite et les qualités de M. de Clévy, et depuis quelque temps déjà il cherchait l'occasion de l'attirer près de lui dans sa ville épiscopale. Il voulait profiter de ses lumières, de ses talents et de son zèle pour l'administration du diocèse. Au mois de mai 1730, un canonicat étant venu à vaquer en l'église cathédrale, Mgr Bégon y fit nommer M. de Clévy. La nomination fut accueillie avec une très-grande joie par tout le chapitre et particulièrement par M. de Laigle, grand-archidiacre, vicaire-général et official du diocèse, qui regarda dès lors M. de Clévy comme devant lui succéder dans les importantes fonctions dont il s'était lui-même acquitté avec tant d'honneur sous quatre prélats.

Il fallut donc à M. de Clévy quitter Charmes et ses paroissiens inconsolables. Le dimanche qui précédait son départ, il adressa ses derniers adieux ; il dit comment, lorsque la Providence l'avait conduit à Charmes, il avait pensé ne jamais abandonner ses chers paroissiens et comme il se voyait alors obligé de respecter les décrets et de suivre la volonté de Dieu. Il les assura qu'il les aurait toujours présents à sa pensée et dans son cœur, les conjura de même de ne pas l'oublier devant le Seigneur et de lui laisser une large part dans leurs prières. Certes s'il est permis à un pasteur de goûter le bonheur d'être tendrement aimé de son peuple, M. de Clévy dut avoir ce bonheur et recevoir en ce moment une grande consolation. Dès qu'il eut annoncé son départ, les larmes coulèrent de tous les yeux ; plusieurs même de l'assistance ne pouvant contenir leur vive douleur, la laissèrent éclater en sanglots et en cris : on croyait avoir tout perdu en perdant un si bon père. Quelques libertins seuls en éprouvèrent une joie maligne, sans laisser pour cela de faire l'éloge de ses talents et de sa vertu. Les pauvres, ces préférés de sa tendresse, étaient particulièrement inconsolables ; il leur donna jusqu'au dernier moment toutes les marques possibles d'affection et de charité.

Longtemps la ville de Charmes a conservé la mémoire de son curé pour la respecter et la chérir.

III

M. de Clévy prit possession de son canonicat en l'église cathédrale le 14 novembre 1730. Il se mit aussitôt à chercher les moyens
d'utiliser les heureux loisirs que sa nouvelle position allait lui créer
et songea à se livrer à la prédication. Pour le faire avec plus de
soin et avec succès, il s'appliqua tout entier à l'étude de l'Écriture
sainte et des Pères, parmi lesquels il cultivait de préférence saint
Jean-Chrysostome et saint Augustin. Ce fut à Toul même qu'il dé-
buta dans l'exercice de ce saint ministère de la parole de Dieu : il
réussit à rassembler les soldats et il leur fit les exercices spiri-
tuels avec tant de modestie, de charité et de douceur qu'il obtint
leur confiance.

Sa réputation éclata bien vite au dehors ; il fut appelé à Metz,
à Verdun et à la Cour de Lunéville. On le vit successivement tenir
avec distinction les chaires les plus illustres. Il prêcha l'un des
trois sermons des fêtes de la béatification du B. P. Fourrier en
1732. Sa parole lui attira l'estime des personnages les plus savants
de la province et des plus qualifiés de la Cour de Lorraine. On ne
savait ce qu'il fallait admirer le plus de la beauté de son esprit
ou de la vaste étendue de ses connaissances, de la force de son
éloquence ou de la profondeur de sa doctrine; ses talents lui as-
suraient l'admiration et les applaudissements, et son zèle pour les
âmes lui gagnait tous les cœurs; toute la province le désignait pour
succéder à l'évêque de Toul. « Hélas! s'écrie le contemporain

auquel j'emprunte ces détails, nous n'étions pas dignes de voir un de nos compatriotes sur le siége de notre Église. »

Mgr Bégon connut bientôt les ressources que lui offrait, pour toutes les fonctions administratives, un sujet capable d'en tenir plusieurs par l'énergie et la constance de son travail. Il le nomma chantre dignitaire de son église, le 14 septembre 1833, puis successivement examinateur synodal, vicaire-général et grand official de tout le diocèse. Ce n'est pas ici le lieu de dire avec quel soin et avec quel succès M. de Clévy remplit ces diverses places ; il y acquit en peu de temps l'estime et la confiance. Il était assidu aux examens des ordres et des concours publics. Son habileté dans les débats et la force de sa dialectique étaient redoutables, et cependant il n'effrayait point tant il savait mettre de clarté, de méthode dans la discussion, d'équité et de bienveillance dans ses procédés. Ne voulant embarrasser personne, il cherchait à s'assurer de la science et de la capacité de chacun. Intègre jusqu'au scrupule, il consultait les notes, interrogeait sérieusement sa conscience afin de donner son suffrage ; jamais il ne refusait par humeur ou par passion comme il n'admettait point sur recommandation ou par respect humain : il était juste. Comme official, il suivait la direction des jurisconsultes les plus célèbres, et bien qu'il fût très-versé dans les matières canoniques, il se faisait instruire avec soin de toutes les formalités en usage afin de n'en omettre aucune. Aussi il exerça ce difficile emploi avec tant de sagesse qu'il ne lui arriva point de voir infirmer une seule de ses sentences. Vicaire-général, il s'acquitta dignement du mandat de son Évêque ; il l'accompagnait dans ses visites et l'aidait puissamment de ses conseils. Sa réputation de bon prédicateur et de confesseur excellent lui amenait en même temps un très-grand nombre de personnes. Ce n'était pas seulement des gens de qualité ou d'une condition distinguée dans la ville, ce n'était pas seulement des bourgeois de Toul ; c'était aussi une multitude de gens des campagnes qui avaient mis en lui une confiance entière. Il les recevait avec bonté, les écoutait avec une égale patience et les dirigeait avec fruit. Le clergé du diocèse, qui avait appris à l'estimer, avait une confiance extrême en la sagesse et en la solidité de son esprit ; aussi on le consultait de partout et on en obtenait des réponses d'une exactitude obligeante et d'une sagacité admirable. M. de Clévy était aussi parfaitement régulier et attaché aux offices du chœur. Élu président du chapitre il eut à prononcer plusieurs discours aux chapitres généraux qui se tenaient deux fois l'an. On lui a rendu le témoignage qu'il y parla toujours avec autant d'édification que de solidité, réclamant en tout point pour le bon ordre et pour la règle, et soutenant par ses exemples comme par ses discours la ferveur qui régnait dans la compagnie.

On a le droit de se demander comment un seul homme chargé du soin d'un diocèse, assidu au chœur, député par le chapitre aux affaires temporelles, pouvait encore se livrer à la direction des consciences, prêcher, donner des retraites, présider au tribunal de l'officialité, paraître aux examens et répondre aux consultations. Il fallait à cet homme un esprit vaste et pénétrant qui lui fit comprendre d'un seul coup ce que d'autres ne découvrent qu'à force de réflexion et de travail, il lui fallait une mémoire excellente. Avare de son temps, se délassant dans la variété du travail, il savait fournir à tout, non en précipitant les affaires mais en les traitant avec ordre et sans confusion.

Mais ce qui a valu à M. de Clévy sa réputation la plus éclatante, non seulement dans le diocèse, mais dans toutes les provinces voisines, c'est qu'il a composé le Bréviaire de Toul. Je ne me permettrai pas d'apprécier moi-même la conduite de Mgr Bégon en cette circonstance ; les faits sont trop loin de nous pour que nous puissions les réduire aux justes proportions qu'ils ont eues, et d'ailleurs le moment pourrait paraître mal choisi pour juger un prélat savant et consciencieux : nous avons en ce moment sur la question de liturgie trop de préjugés et trop d'émotions pour espérer un jugement équitable et modéré ; je citerai donc l'opinion d'un contemporain.

« Ne nous imaginons pas, dit-il, que l'épuisement de l'édition
« des Bréviaires anciens de l'Église de Toul ait été l'unique ou
« même la principale raison qui engagea l'illustre M. Bégon à en
« faire composer un nouveau. Il suffit de lire ces anciens Bréviaires
« pour être pleinement convaincu qu'ils étaient mal digérés, sans
« goûts, pleins d'antiennes indécentes ou de fausses légendes.

« Nos offices trop longs, chargés de beaucoup de psaumes en
« certains jours, en certains temps de l'année, devenaient en
« d'autres une répétition ennuyeuse, à raison des psaumes et des
« leçons banales affectées à des offices du commun qui revenaient
« trop souvent. Loin de réciter le psautier chaque semaine, comme
« il est ordonné dans plusieurs Conciles, il y avait des psaumes
« qu'on ne récitait presque jamais qu'en Carême. Les Églises de
« Paris, de Rouen, de Besançon et autres venaient de se procu-
« rer des Bréviaires nouveaux qui étaient exempts de presque
« tous ces défauts. M. Bégon désira donc faire ce précieux don à
« son Église ; il en parla à M. de Clévy et lui proposa de se char-
« ger de ce travail. Ce laborieux et zélé chanoine, qui d'une part
« en sentait la nécessité pressante et de l'autre connaissait les
« abondantes ressources qu'on avait pour y réussir, consentit à se
« charger de cette entreprise. Il y travailla assidûment pendant
« neuf à dix ans, ne se contentant pas de consulter les nouveaux
« Bréviaires qui venaient de paraître en plusieurs Églises de
« France, mais étudiant les saints Pères, feuilletant les historiens,
« pesant les critiques, corrigeant les hymnes de Coffin adoptées
« ailleurs trop légèrement. Il parvint donc à faire un ouvrage ex-
« cellent dans lequel, outre une distribution bien entendue des
« psaumes, on se nourrit de bonnes lectures, on apprend le vé-
« ritable esprit de l'Église, on trouve de beaux morceaux des saints
« Pères, les canons des Conciles les plus instructifs, les collectes
« les plus touchantes, les hymnes les mieux composées et ce qu'il
« y a de plus digne d'attention dans les usages et les cérémonies
« de l'Église (1). »

(1) « Il ne faut pas dissimuler, continue l'auteur que nous citons, que
« ce Bréviaire a été vivement attaqué. Il n'est cependant rien moins que

Il faut bien le reconnaître, même aujourd'hui, le Bréviaire et
le Missel de Toul font honneur à M. de Clévy qui en a eu la direction et qui y a travaillé avec tant de zèle et d'intelligence; et
c'est ce qui nous intéresse particulièrement ici.

« dangereux de condamner un Bréviaire et un Missel par des raisons
« qui leur sont communes avec d'autres ouvrages estimés, recherchés,
« approuvés dans le royaume, ouvrages qui servent de base ou de
« modèle à toutes les Églises qui veulent se procurer de nouveaux
« livres liturgiques. Les uns y ont repris la trop grande brièveté des
« offices parce qu'on en a retranché beaucoup de psaumes à Matines
« tant des dimanches que des féries : nous pourrions ici répondre
« que les curés, les vicaires, les prédicateurs et les confesseurs qui
« ont, les dimanches dans le cours de l'année et les féries de carême,
« quelque chose de plus important à faire pour le bien de l'Église que
« de s'amuser à la récitation de tant de psaumes, méritaient bien d'être
« soulagés d'une partie du fardeau pour être plus en état d'en porter
« une autre ; mais nous laissons la solution de cette objection à ceux
« qui, au contraire, ont prétendu qu'on avait eu tort de le faire si long;
« que, pendant qu'on y était, il fallait retrancher bien des offices
« propres, raccourcir bien des légendes, changer l'office semi-double
« trop long encore de moitié. Quant à ceux-ci, nous leur dirons, ce
« qui est très-vrai, que M. de Clévy n'a conservé que des saints dont
« il est nécessaire ou d'usage de faire l'office dans notre diocèse, que
« la plupart de nos semi-doubles auraient pu paraître à certains titres
« devoir être revêtus du degré de doubles, que s'il est juste de réduire
« l'office divin à certaines bornes, il ne faut pas lui enlever sa dignité ,
« que le Bréviaire d'un diocèse étant un office public, fait pour être
« récité ou chanté au chœur, aussi bien que pour être dit par des ec-
« clésiastiques en particulier, ne pourrait être si raccourci sans perdre
« beaucoup de sa dignité et de son prix, aussi bien devant les hommes
« que devant Dieu. Si on a conservé à complies l'oraison *Visita quæ-*
« *sumus* qui nous vient des moines qui récitaient complies dans leur
« dortoir avant que de se coucher et qui pouvaient très-bien prier
« Dieu de visiter cette demeure et demander que ses saints anges y
« habitent, tandis que ces demandes ne conviennent pas à nos Églises
« où Dieu réside et où les anges l'adorent, c'est que cette oraison est
« conservée à Paris et dans presque toutes les Églises qui ont des
« Bréviaires nouveaux. On y a encore laissé les jours des dimanches
« et des fêtes, les prières à prime qui concernent le travail, prières
« qui nous viennent des moines qui les disaient dans leur chapitre
« avant que d'aller travailler des mains ; prières par conséquent qui
« paraissent déplacées en ces jours et ne peuvent être admises que les
« jours ouvriers et dans un sens spirituel par les ecclésiastiques qui
« ne travaillent plus des mains; mais ce reproche est commun à nombre
« de nouveaux Bréviaires; la plupart de ceux qui président à leur

Pendant les dernières années de son épiscopat, Mgr Bégon fut, comme on sait, éprouvé par de grandes infirmités, et M. de Clévy se trouva chargé de tout le poids de l'administration du diocèse. Il y avait bien à côté du malheureux prélat un neveu très-instruit

« confection n'ont pas le courage de tenter ce retranchement. Quant
« au Missel on y retrouve un abus qui, pour être ancien et presque
« général ne mérite pas moins d'être réformé : rien n'est plus cho-
« quant que d'entendre le diacre dire : *Flectamus genua*, et tout de
« suite, sans interruption d'entendre le sous-diacre dire à son tour :
« *Levate*. Tout un chœur se met à genoux et se relève au même ins-
« tant. Pourquoi donc lui dire de se mettre à genoux pour le faire re-
« lever dans le même instant? Ces deux mouvements successifs ont
« quelque chose de déplacé, on a oublié l'usage primitif : dans les
« premiers temps le diacre disait *flectamus genua* avant que le prêtre
« chantât l'oraison pour avertir de se mettre en posture suppliante
« afin de réciter l'oraison avec le prêtre ; cette oraison finie, le sous-
« diacre donnait le signal de se relever en disant : *levate;* cela était
« décent. M. de Clévy avait proposé d'imiter en cela l'Église de Paris
« qui avait repris l'usage ancien, mais la pluralité des suffrages décida
« qu'on retiendrait l'usage présent. Quelques uns ont encore observé
« que les dimanches de carême n'étant point des jours de jeûne, il ne
« fallait pas y assigner la préface qui n'est faite que pour les féries où
« l'on jeûne, que tous les dimanches étant consacrés au culte de la
« Trinité, on aurait dû marquer la préface de la Trinité quand on y
« fait l'office du jour, ce que le pape Benoit XIV a ordonné pour ceux
« qui suivent le Romain ; qu'on a oublié de corriger l'astérisque du
« dernier verset du psaume *Fundamenta* qui devrait être ainsi placé :
« *Sicut lœtantium * omnium habitatio est in te;* qu'on a mis l'office de
« S. Charles pendant l'octave de la Toussaint qui ne doit être consa-
« crée qu'à tous les saints en général et n'en doit admettre aucun en
« particulier ; qu'on indique le *Regina cœli* après complies, le jour du
« du samedi saint, quoi qu'il soit très-déplacé de chanter ou de réciter
« cette antienne de congratulation à la Sainte Vierge pendant que Jé-
« sus-Christ est encore dans le tombeau; que dans l'hymne des vierges-
« martyres il fallait corriger *œthera* dans le premier vers et dire : *festis*
« *lœta sonent sidera cantibus*, parce que *semper singularia sunt aëret*
« *œther;* qu'il fallait composer un office et ordonner une fête de tous
« les apôtres et supprimer toutes les fêtes particulières des apôtres,
« y ayant d'une part des raisons très-fortes pour diminuer le nombre
« des fêtes et de l'autre une espèce d'indécence à fêter certains apôtres
« et à laisser les autres dans une sorte d'oubli et d'obscurité; qu'il
« y avait à cet égard peu de travail à retrancher l'office de la disper-
« sion des apôtres dont la fête est inutile et ne sert qu'à surcharger
« le Bréviaire, etc., etc. Nous n'en finirions pas si nous voulions ici

dont il avait fait un vicaire-général et qu'il avait désiré vivement pour coadjuteur ; mais il faut bien avouer qu'après les refus de la cour, M. de Donnevy avait perdu son zèle avec ses espérances ; il vécut en riche bénéficier et se reposa négligemment sur la capacité

« faire mention de toutes les petites remarques qu'a produites l'esprit
« particulier qui anime tous ceux qui sont obligés à la récitation du
« Bréviaire Toulois ; nous nous contenterons de dire en général que
« M. de Clévy n'était pas évêque de Toul pour établir ou supprimer
« des offices et des fêtes ; qu'en soutenant que le Bréviaire de Toul
« mérite d'être estimé des amateurs de la liturgie et de tous ceux qui
« s'intéressent à la majesté du service divin ; nous n'avons pas pré-
« tendu qu'il n'y reste aucun défaut et qu'il n'y a rien à corriger ;
« qu'il n'est pas certain que le *fetsis læta sonent æthera cantibus* de
« Santeuil ait besoin de correction. La méthode de Port-Royal, il est
« vrai, dit que *æther* n'est qu'au singulier dans les bons auteurs, et
« que ceux qui sont venus après, dans le déclin de l'Empire l'ont fait
« neutre au pluriel. Ce qu'ils ont pris sans doute de ce que voyant
« *æthera* à l'accusatif grec singulier, ils ont cru que c'était un pluriel
« neutre ; mais, n'en déplaise à nos censeurs, ils ne refuseront pas de
« reconnaître pour un excellent auteur de la bonne latinité, le poète
« Virgile qui a dit : *famâ super æthera notus.* Nous dirons que si la
« partie typographique du Bréviaire toulois a été très-négligée, si les
« estampes, les caractères, le papier répondent à l'incorrection de l'ou-
« vrage, c'est un déshonneur qui retombe sur l'imprimeur seul, ou tout
« au plus sur le Pontife qui devait veiller à une impression correcte et
« décente des livres de son Église, mais que M. de Clévy ne doit nul-
« lement partager. Nous dirons enfin qu'on ne peut disconvenir que
« quoiqu'il y ait quelque chose à réformer dans le Bréviaire de l'É-
« glise de Toul pour le rendre un modèle parfait qu'on puisse propo-
« ser à ceux qui ont encore de nouveaux Bréviaires à composer, son
« plan en est bien conçu et supérieurement rempli : rien de forcé dans
« l'application des textes de l'Écriture, point d'allusion déplacée et à
« contre-sens ; on y lit beaucoup plus de leçons de l'Écriture sainte
« que dans les autres, sans que le nombre en soit augmenté, mais la
« partition en est différente ; le choix des leçons tirées des ouvrages
« des Pères est admirable : ce sont des morceaux pris avec un dis-
« cernement peu ordinaire ; ils sont instructifs et pleins d'onction ; le
« choix des collectes n'est pas moins précieux, on les a tirées ou de la
« plus respectable antiquité ou des Bréviaires précédents. Un bon
« Missel est certainement celui où les parties qui composent la Messe
« sont prises des sujets de l'Évangile, et c'est ce qu'on trouve dans le
« Missel toulois. Qui n'admire les belles préfaces du S. Sacrement,
« de la Dédicace, de la Toussaint, de saint Mansuy, du Patron, des
« Morts, des Noces ? »

et l'infatigable application de M. de Clévy. Celui-ci gouverna sagement jusqu'à la mort de Mgr Bégon, c'est-à-dire pendant trois années entières. Non-seulement l'administration fut régulière et excellente, mais M. de Clévy sut encore soutenir et consoler son Évêque et le préparer saintement à la mort ; il le fit avec toute la prudence, tout le zèle et toute l'affection que méritait un si respectable prélat, un bienfaiteur aussi aimable. Quand il eut reçu pieusement son dernier soupir, M. de Clévy, que le chapitre estimait au-delà de ce qu'on peut dire, fut choisi par lui pour le gouvernement du diocèse pendant la vacance du siége épiscopal : il y travailla avec le zèle et l'intelligence que nous lui connaissons et il laissa au futur Évêque ce beau diocèse dans l'état le plus florissant.

Formé à l'école du célèbre Languet, archevêque de Sens, le nouveau prélat, Mgr Drouas de Boussey ne tarda pas à se rendre compte de la situation de son Église. Il comprit aussitôt qu'il y trouvait un clergé instruit, zélé et rempli de tout l'esprit de son saint état, et il reconnut en M. de Clévy un ecclésiastique universel, connaissant et conduisant tout le diocèse et en même temps jouissant de l'estime et de la confiance de tout le clergé. Il lui accorda bien vite sa propre confiance et ce fut avec lui et pour ainsi dire à son école qu'il voulut étudier son diocèse ; il l'écouta, il le consulta et chercha à se l'attacher. Il lui continua le titre et les fonctions de vicaire-général, la charge d'official et d'examinateur synodal, et il le prit avec lui pour faire la visite de son diocèse. M. de Clévy porta à la cour épiscopale cette dignité et cette franchise qui l'accompagnaient partout, et il sut plus d'une fois donner au nouveau prélat des avis sages que d'autres n'avaient pas le courage de lui donner : il lui montra avec quelle douceur l'évêque peut gouverner et comme l'esprit de modération doit pénétrer l'exercice de l'autorité. Il ramenait souvent l'esprit du prélat, surtout dans la conversation familière, sur la nécessité et les moyens d'instruire le pauvre peuple et de l'affermir dans la religion en éclairant sa foi. Il réussit à faire établir dans les paroisses de la

ville épiscopale d'excellents catéchismes confiés à des diacres sé-
minaristes que distinguaient la piété et la science ; il contribua à
faire imprimer ou réimprimer plusieurs bons livres pour être
vendus à bas prix, surtout dans les paroisses de la campagne ;
c'est lui encore qui parvint à faire instituer des exercices extra-
ordinaires pendant le carême dans l'église cathédrale et une retraite annuelle pour le clergé au séminaire diocésain, entre Pâques
et Pentecôte.

Ce qui a le plus étonné dans la vie de **M.** de Clévy c'est qu'un
prêtre si saint, si savant et si laborieux, après plus de quarante
années de ministère n'eut aucune part des faveurs royales ; mais
ceux qui l'ont connu particulièrement en sont moins surpris, ils
savaient **M.** de Clévy peu courtisan, d'un caractère droit et ferme,
ignorant les détours de la politique mondaine, les flatteries de la
cupidité et les bassesses de l'ambition. Content de se montrer
dignes des charges, **M.** de Clévy ne les recherchait point. Son
désintéressement éclata ouvertement quand il fut appelé à devenir
doyen du chapitre ; ils quitta les gros revenus de sa charge de
grand chantre, préférant aux richesses la gloire de mourir le chef
de sa compagnie et le premier de son chapitre, Ses confrères le
comprirent de la sorte et ils s'empressèrent de le dédommager
par la confiance respectueuse, le sincère attachement et le dé-
vouement constant qu'ils lui témoignèrent jusqu'à sa mort.

Elle ne devait plus beaucoup tarder. **M.** de Clévy jouit peu de
temps de sa nouvelle dignité. Depuis longtemps il était sujet aux
attaques de la goutte ; il avait compris l'avertissement et il n'at-
tendit pas ses derniers instants pour se préparer à mourir. Il fit
de bonne heure son testament et une fois délivré des préoccupa-
tions temporelles, il s'occupa de son âme : il repassa dans l'amer-
tume de son cœur, en présence du Seigneur et avec son ministre,
toutes les années, tous les événements de sa vie passée. Il reçut les
derniers sacrements de l'Église avec des sentiments de piété, de
ferveur, qui édifièrent tout le clergé de la cathédrale et qui firent

couler les larmes de tous les assistants. Lui-même avertit son neveu et demanda l'extrême-onction et l'indulgence à l'article de la mort. Tandis que la douleur et la maladie brisaient son corps, son âme recevait une grande joie ; les yeux fixés vers l'image du Sauveur en croix, il animait sa confiance dans les mérites du divin Rédempteur, il pensait à la gloire promise et cette pensée le rendait calme et joyeux ; il conserva jusqu'à la fin cet admirable esprit de prière qui soutient et console le saint prêtre. Ce fut dans ces sentiments qu'il expira le 9 octobre 1767, âgé de 70 ans.

La nouvelle de sa mort répandit le deuil dans toute la ville de Toul. A ses funérailles, on ne pouvait distinguer ses parents et ses amis intimes des étrangers qui y assistaient : tous pleuraient, tous s'affligeaient comme si chacun avait perdu ce qu'il avait de plus cher au monde. Son tombeau, qui fut placé dans la grande chapelle collatérale de l'église cathédrale (1) fut le dépositaire des prières et des vœux de tous. Ses confrères du chapitre qui connaissaient ses talents et ses vertus éminentes, l'ont regretté comme le modèle et la gloire de leur compagnie. M. Jean-Étienne Lacour, son neveu, qu'il avait comblé de bienfaits et formé lui-même à l'éloquence et à la vertu, voulut donner à son illustre parent des marques publiques de sa reconnaissance et il fit placer près du lieu de sa sépulture un mausolée d'un grand prix. Ce monument, fort admiré, était d'un artiste de Nancy ; il fut posé en 1774, et on y grava l'épitaphe suivante :

D.   O.   M.

HIC.RESURRECTIONIS.BEATAM.SPEM.EXPECTAT.

NICOLAUS.DE.CLEVY.ET.CANONICUS.HUIUS.

*ECCLESIÆ.NECNON.*VICARIUS.GENERALIS.ET.OFFICIALIS.

(1) C'est aujourd'hui la chapelle de Notre-Dame-du-Pied-d'Argent. Mais on n'a pas, depuis la révolution, retrouvé les traces de ce tombeau.

E.REGIMINE.PASTORALI.AD.HÆC.MUNIA.A.R.R.IN.CHRISTO.PATRE.

D.D.BEGON.ASSUMPTUS.ILLUXIT.OMNIBUS.

BENEFACTORIS.GAUDIUM.ET.CORONA.

PRINCIPES.ET.RUSTICOS.CLERUM.ET.MILITES.

SERMOME.PAVIT.IN.DICENDO.FORTIS.ET.ELOQUENS.

LIBROS.LITURGICOS.ORDINAVIT.IN.SACRIS.LITTERIS.VERE.POTENS.

TOTUS.REBUS.ECCLESIASTICIS.ET.CAPITULARIBUS.HEU ! NUSQUAM.

INTERITURUS.

SI.PIETAS.ET.DOCTRINA.SI.SUORUM.LUCTUS.ET.AMICORUM.VOTA.

DE.MANU.MORTIS.ERUERE.POTUISSENT !

OBIIT.DIE.9.OCTOBRIS.ANNO.1767.ANNOS.NATUS.70.

REQUIESCAT. IN. PACE.

Nous terminons en rapprochant ici et en rassemblant les traits
principaux qui caractérisent l'homme distingué dont il s'agit. En
vérité, M. de Clévy fut également illustre par sa science et par sa
piété. Il était naturellement grave et sérieux, et l'attention chrétienne avec laquelle il veillait sur lui-même jointe à l'importance
des affaires qui l'occupaient sans cesse, n'était guère propre à lui
donner cet air de gaieté que le monde recherche ; mais il ne laissait pas pour cela de manifester une joie douce et calme qui attirait à lui. D'un accès facile, sans orgueil, sans faste, sans ambition,
il préférait la retraite et son cabinet aux postes les plus brillants.

Il faut reconnaître qu'il poussait parfois l'exercice de ses qualités jusqu'à l'excès, comme il arrive dans l'isolement et le silence
du cabinet : son amour de l'étude devenait une ardeur qui le dé-
vorait, sa fermeté était inébranlable, il pliait d'autant moins que
c'était la vertu qui l'inspirait. Néanmoins ses ennemis étaient forcés
de faire son éloge. On faisait remarquer ses excellentes qualités,
son esprit propre à toutes les sciences, sa mémoire prodigieuse,
sa facilité pour écrire ; il avait, disait-on, l'esprit des affaires, un

zèle admirable pour l'Église de Toul, un grand attachement et beaucoup d'estime pour les prêtres qui honorent leur saint état. Il était éloquent : plein de force dans le raisonnement, pressant, serré, sacrifiant les peintures de la poésie au nerf puissant de la logique, il était vraiment apostolique et il a opéré des conversions éclatantes. S'il prêchait avec applaudissement, il dirigeait avec beaucoup de fruit : moraliste exact, mais sans sévérité, il était prudent et ferme. Sa santé s'altéra à cause de ses fatigues, malgré la force du tempérament qu'il avait reçu. Il ne se ménageait guère ; il consacrait le jour aux affaires ; le soir, il le donnait aux amis et il passait la plus grande partie de la nuit à l'étude. D'une taille assez avantageuse, son extérieur avait quelque chose de digne et d'imposant. Il avait le cœur aussi désintéressé, généreux et sensible, que l'esprit juste, vif et pénétrant, et il fut pleuré comme un bienfaiteur par tous les malheureux que sa charité compatissante et éclairée avait arrachés à la misère, à l'oisiveté et au vice.

Il ne nous a rien laissé qu'il ait imprimé ; cependant il avait des manuscrits nombreux dont son neveu hérita. Sans parler de ses prônes et de ses sermons, il a composé une vie de Mgr Bégon, évêque-comte de Toul. Qui pouvait en effet le faire mieux connaître, redire plus exactement les vertus du pontife et les événements de son épiscopat, que M. de Clévy qui avait vécu si longtemps et dans une intimité si honorable avec lui, qui avait partagé sa sollicitude et qui avait été mêlé à toutes les affaires de son temps ? Nous n'avons qu'à exprimer ici le vif regret de n'avoir point conservé des travaux si utiles et si bien faits.

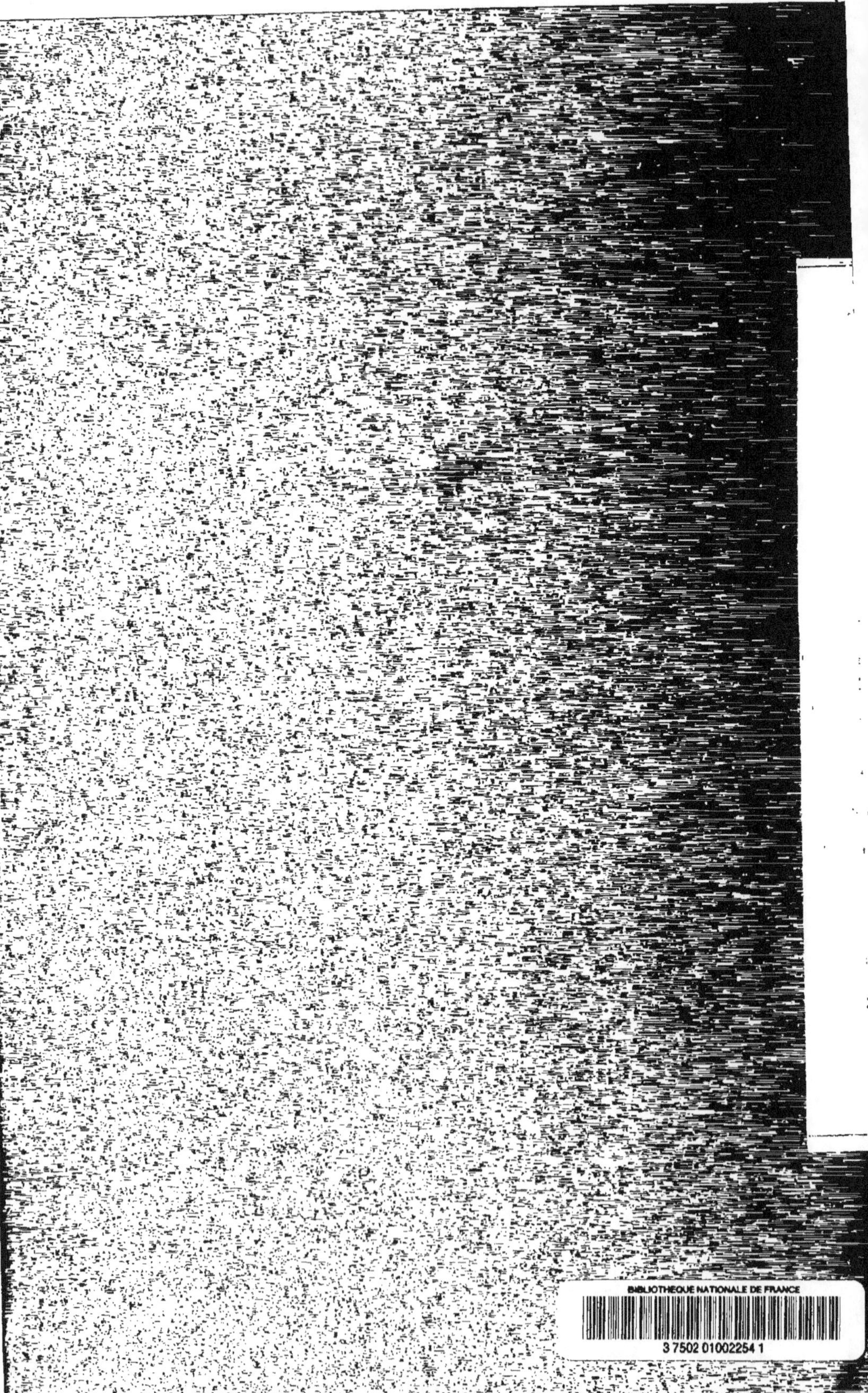

www.ingramcontent.com/pod-product-compliance
Lightning Source LLC
Chambersburg PA
CBHW061122050726
47594CB00005B/2053